Impressum
Verlag: BABADADA GmbH, Nedderfeld 112 , 22529 Hamburg
Geschäftsführer / Verlagsleitung: Harald Hof
Druck: Books on Demand GmbH, In de Tarpen 42, 22848 Norderstedt

Imprint
Publisher: BABADADA GmbH, Nedderfeld 112 , 22529 Hamburg, Germany
Managing Director / Publishing direction: Harald Hof
Print: Books on Demand GmbH, In de Tarpen 42, 22848 Norderstedt, Germany

iskola

مدرسه

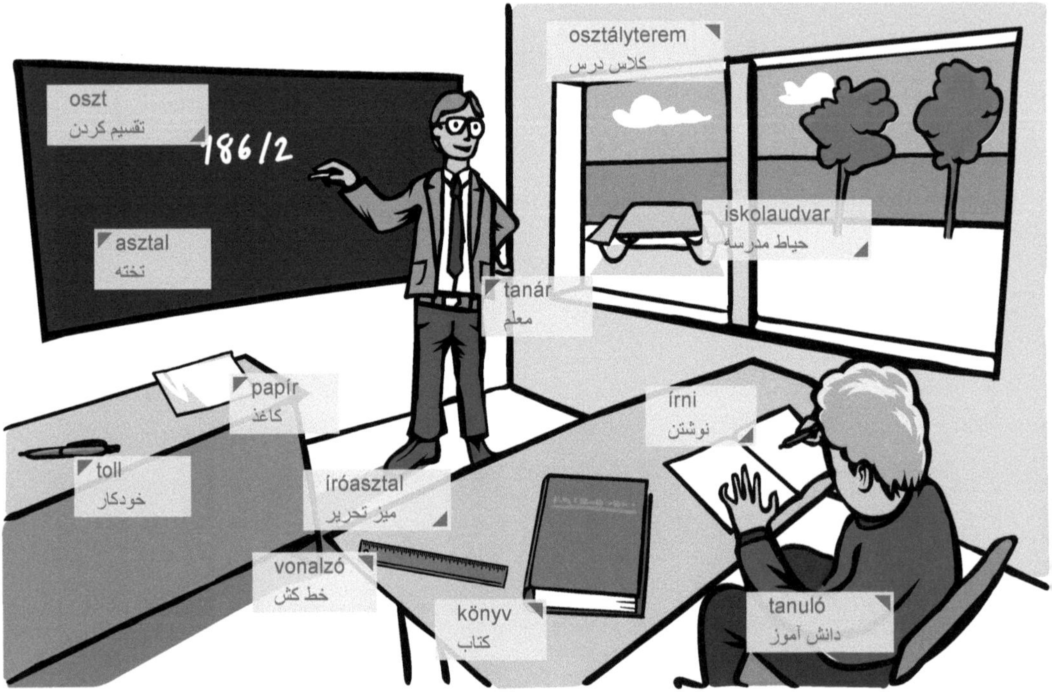

osztályterem
کلاس درس
oszt
تقسیم کردن
186/2
asztal
تخته
iskolaudvar
حیاط مدرسه
tanár
معلم
papír
کاغذ
írni
نوشتن
toll
خودکار
íróasztal
میز تحریر
vonalzó
خط کش
könyv
کتاب
tanuló
دانش آموز

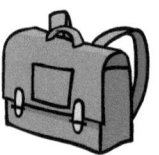

iskolatáska

کیف مدرسه

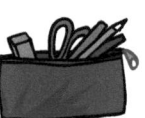

tolltartó

جامدادی

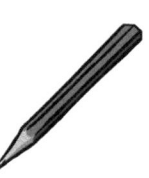

ceruza

مداد

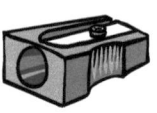

ceruzahegyező

تراش

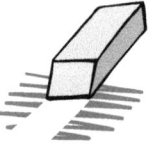

radír

پاک کن

rajzfüzet

دفتر رسم

rajz

طراحی

ecset

قلم مو

festőkészlet

جعبه ی آبرنگ

olló

قیچی

ragasztó

چسب

munkafüzet

کتاب تمرین

házi feladat

تکلیف خانه

12

szám

رقم

2+2

összead

جمع کردن

5-2

kivon

تفریق کردن

2×2

szoroz

ضرب کردن

számol

محاسبه کردن

A

betű

حرف الفبا

ABCDEFG
HIJKLMN
OPQRSTU
VWXYZ

ABC

الفبا

hello

szó

کلمه

szöveg

متن

olvasni

خواندن

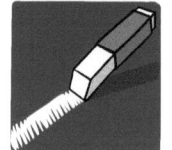

kréta

گچ

tanóra

درس

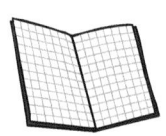

napló

ثبت نام

vizsga

امتحان

bizonyítvány

مدرک رسمی

iskolai egyenruha

لباس مدرسه

oktatás

تحصیلات

enciklopédia

دانشنامه

egyetem

دانشگاه

mikroszkóp

میکروسکوپ

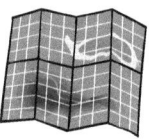

térkép

نقشه

papír-hulladék gyűjtő

سبد کاغذ باطله

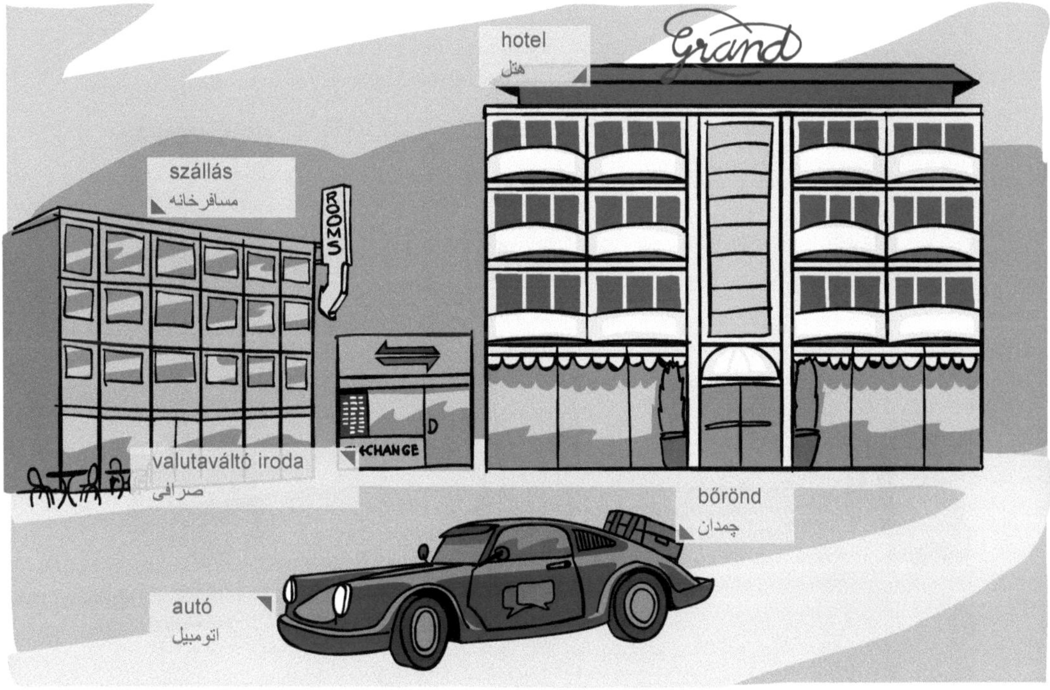

hotel
هتل
Grand
szállás
مسافرخانه
ROOMS
valutaváltó iroda
صرافی
EXCHANGE
bőrönd
چمدان
autó
اتومبیل

nyelv

زبان

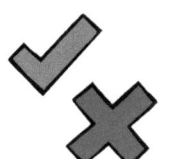

igen/nem

بله / خیر

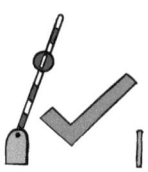

rendben

اکی

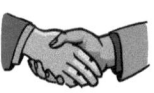

szia

سلام

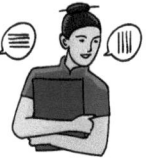

fordító

مترجم

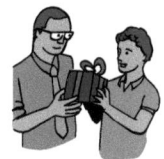

köszönöm

ممنون

mennyibe kerül...?

قیمت ... چه قدر است؟

nem értem

من متوجه نمی شوم

probléma

مشکل

Jó estét!

عصر بخیر! / شب بخیر!

jó reggelt!

صبح بخیر!

jó éjszakát!

شب بخیر!

viszontlátásra

خداِنگهدار

útirány

جهت

poggyász

بار سفر

táska

کیف

hátizsák

کوله پشتی

vendég

مهمان

szoba

اتاق

hálózsák

کیسه خواب

sátor

خیمه

turista információ

مركز راهنمای گردشگران

strand

ساحل

hitelkártya

كارت اعتباری

reggeli

صبحانه

ebéd

نهار

vacsora

شام

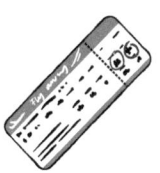

jegy

بليط

lift

آسانسور

bélyeg

مهر

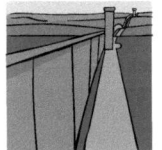

határ

مرز

vám

گمرک

nagykövetség

سفارتخانه

vízum

ویزا

útlevél

گذرنامه

közlekedés
حمل و نقل

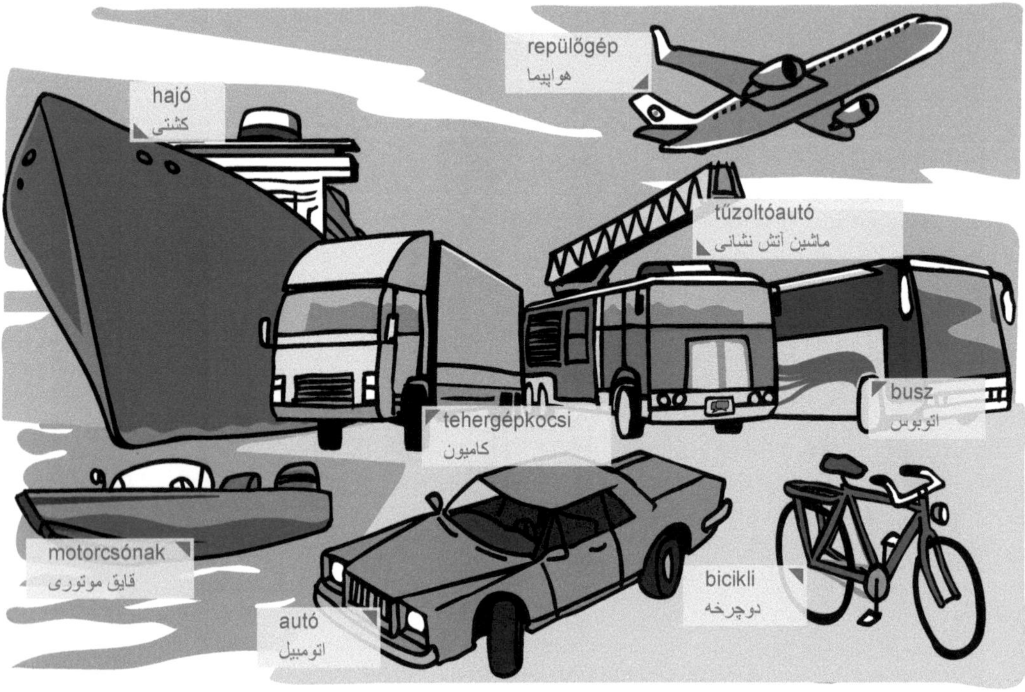
repülőgép
هواپیما
hajó
کشتی
tűzoltóautó
ماشین آتش نشانی
busz
اتوبوس
tehergépkocsi
کامیون
motorcsónak
قایق موتوری
bicikli
دوچرخه
autó
اتومبیل

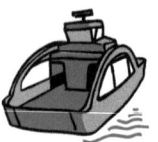

komp
کشتی مسافربری

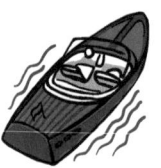

csónak
قایق

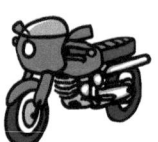

motorkerékpár
موتورسیکلت

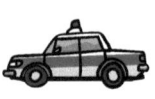

rendőrautó
ماشین پلیس

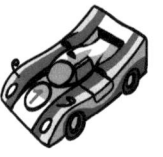

versenyautó
ماشین مسابقه

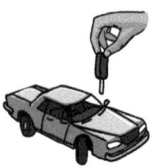

bérautó
ماشین کرایه ای

telekocsi

به اشتراک گذاری اتوموبیل

vontató

جرثقیل

szemetes autó

ماشین حمل زباله

motor

موتور

üzemanyag

بنزین

benzinkút

پمپ بنزین

közlekedési tábla

تابلو راهنمایی و رانندگی

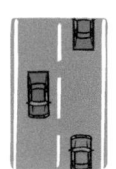

forgalom

عبور و مرور

forgalmi dugó

ترافیک

parkoló

پارکینگ

vonatállomás

ایستگاه قطار

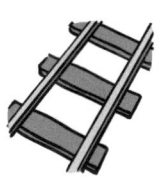

sínek

ریل راه آهن

vonat

قطار

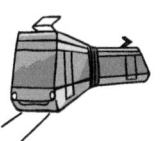

villamos

قطار برقی

vagon

واگن

helikopter

هليكوپتر

repülőtér

فرودگاه

torony

برج

utas

مسافر

konténer

کانتينر

kartondoboz

کارتن

taliga

گاری

kosár

سبد

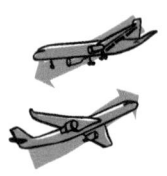

felszáll / leszáll

به پرواز درآمدن / فرود آمدن

város

شهر

falu

دهکده

városközpont

مرکز شهر

ház

خانه

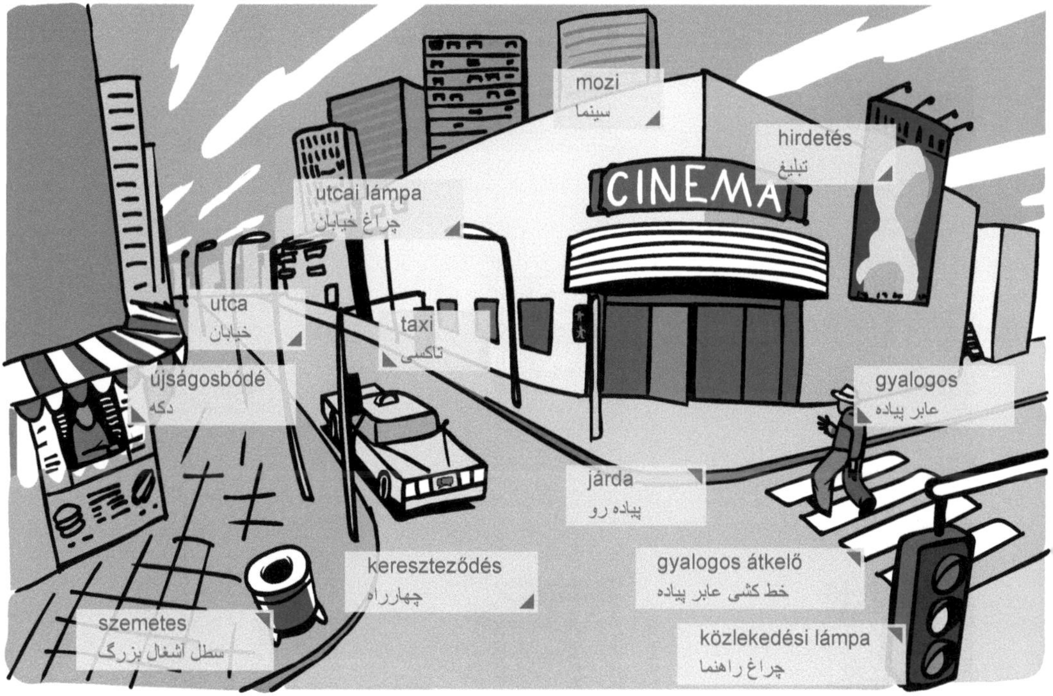

mozi
سینما

hirdetés
تبلیغ

utcai lámpa
چراغ خیابان

CINEMA

utca
خیابان

taxi
تاکسی

újságosbódé
دکه

gyalogos
عابر پیاده

járda
پیاده رو

kereszteződés
چهارراه

gyalogos átkelő
خط کشی عابر پیاده

szemetes
سطل آشغال بزرگ

közlekedési lámpa
چراغ راهنما

kunyhó

كلبه

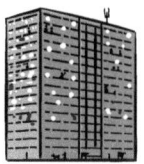

lakás

آپارتمان

vonatállomás

ایستگاه قطار

városháza

ساختمان شهرداری

múzeum

موزه

iskola

مدرسه

egyetem

دانشگاه

bank

بانک

kórház

بیمارستان

hotel

هتل

gyógyszertár

داروخانه

iroda

اداره

könyvesbolt

کتابفروشی

üzlet

مغازه

virágüzlet

گل فروشی

szupermarket

سوپرمارکت

piac

بازار

áruház

فروشگاه بزرگ

halárus

ماهی فروش

bevásárló központ

مرکز خرید

kikötő

بندر

park

پارک

pad

نیمکت

híd

پل

lépcső

پله

metró

مترو

alagút

تونل

buszmegálló

ایستگاه اتوبوس

bár

میخانه

étterem

رستوران

postaláda

صندوق پست

utcatábla

تابلوی خیابان

parkoló óra

دستگاه پارکومتر

állatkert

باغ وحش

uszoda

استخر شنای عمومی

mecset

مسجد

gazdálkodás

مزرعه

környezetszennyezés

آلودگی محیط زیست

temető

قبرستان

templom

کلیسا

játszótér

زمین بازی

szentély

معبد

táj

چشم انداز

levél
برگ

útjelző tábla
تابلوی راهنمای مسیر

út
راه

rét
چمنزار

kő
سنگ

fa
درخت

túrázó
راه نورد

folyó
رودخانه

fű
چمن

virág
گل

چشم انداز - táj

völgy

درّه

domb

تپّه

tó

دریاچه

erdő

جنگل

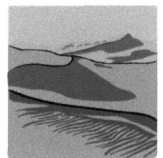

sivatag

بیابان

vulkán

کوه آتشفشان

kastély

قلعه

szivárvány

رنگین کمان

gomba

قارچ

pálmafa

درخت نخل

szúnyog

پشه

légy

مگس

hangya

مورچه

méhecske

زنبور

pók

عنکبوت

bogár

سوسک

béka

قورباغه

mókus

سنجاب

sündisznó

جوجه تیغی

nyúl

خرگوش صحرایی

bagoly

جغد

madár

پرنده

hattyú

قو

vaddisznó

گراز

szarvas

گوزن نر

rénszarvas

گوزن شمالی

gát

سد آب

szélturbina

توربین بادی

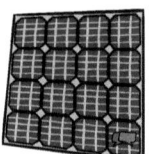

napelem

صفحه ی خورشیدی

éghajlat

آب و هوا

étterem

رستوران

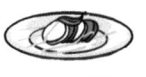

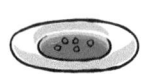

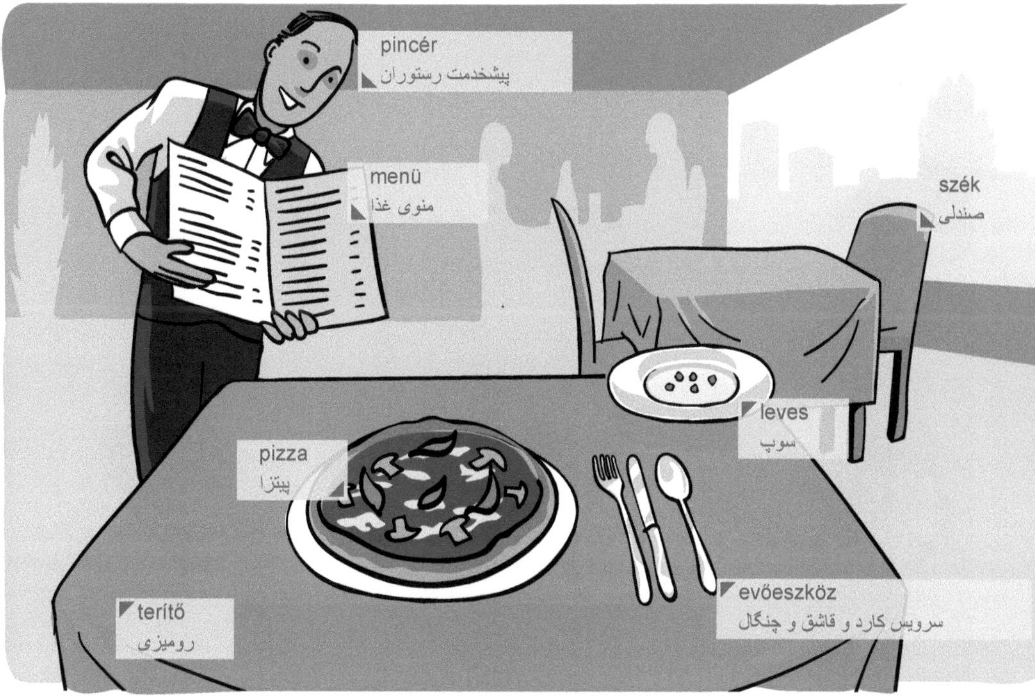
pincér
پیشخدمت رستوران
menü
منوی غذا
szék
صندلی
leves
سوپ
pizza
پیتزا
evőeszköz
سرویس کارد و قاشق و چنگال
terítő
رومیزی

előétel
پیش‌غذا

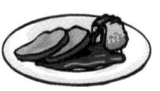

főétel
غذای اصلی

desszert
دسر

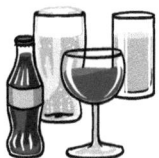

italok
نوشیدنی ها

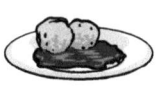

étel
غذا

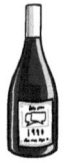

üveg
بطری

gyorsétel

فست فود

gyorsétel

اغذیه خیابانی

teás kanna

قوری

cukortartó

قندان

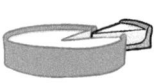

adag

پُرس غذا

eszpresszógép

دستگاه اسپرسو

bárszék

صندلی پایه بلند غذاخوری بچه

számla

صورتحساب

tálca

سینی

kés

چاقو

villa

چنگال

kanál

قاشق

teáskanál

قاشق چایخوری

szalvéta

دستمال سفره

pohár

لیوان

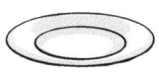

tányér

بشقاب

leveses tányér

بشقاب سوپخوری

csészealj

نعلبکی

szósz

سس

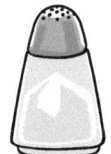

sószóró

نمکدان

borsőrlő

ساب فلفل

ecet

سرکه

étkezési olaj

روغن خوراکی

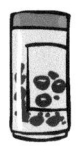 

fűszerek

ادویه جات

ketchup

سس کچاپ

mustár

سس خردل

majonéz

سس مایونز

szupermarket

سوپرمارکت

különleges ajánlat
پیشنهاد ویژه
ügyfél
مشتری
FOR
tejtermék
لبنیات
gyümölcsök
میوه جات
bevásárló kocsi
چرخ دستی خرید

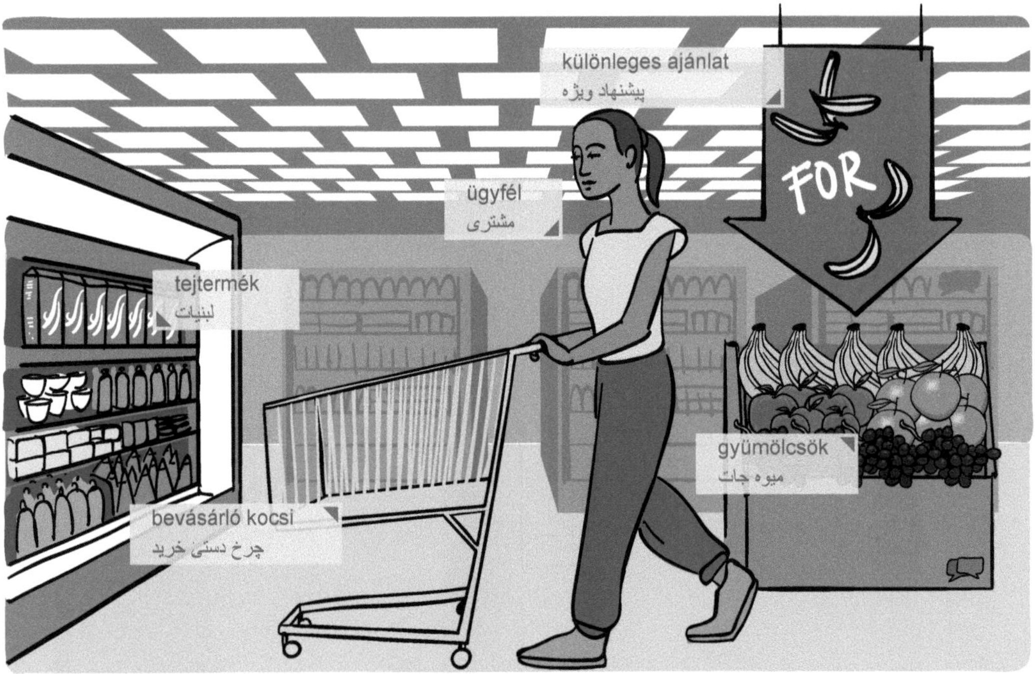

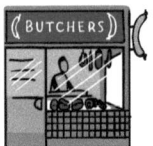

BUTCHERS

hentes

قصابی

BAKERY

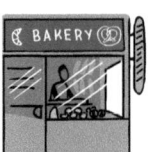

pékség

نانوایی

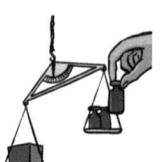

nyom valamennyit

وزن کردن

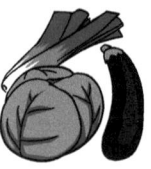

zöldség

سبزیجات

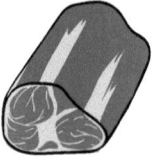

hús

گوشت

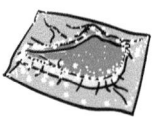

fagyasztott áru

غذای منجمد

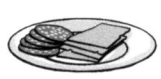

felvágott

مخلوطی از انواع کالباس یا پنیر که
ورقه ای بریده شده باشند

konzerv

غذای کنسروی

mosópor

پودر لباسشویی

édességek

شیرینی جات

háztartási termék

لوازم خانگی

tisztítószerek

ماده شوینده و پاک کننده

eladó

فروشنده

pénztárgép

صندوق پرداخت

eladó

صندوقدار

bevásárló lista

لیست خرید

nyitva tartás

ساعات کار

levéltárca

کیف پول

hitelkártya

کارت اعتباری

zacskó

کیف

műanyag zacskó

کیسه ی پلاستیکی

víz

آب

gyümölcslé

آبمیوه

tej

شیر

kóla

نوشابه کوکاکولا

bor

شراب

sör

آبجو

alkohol

الکل

kakaó

کاکائو

tea

چای

kávé

قهوه

eszpresszó

قهوه اسپرسو

kapucsínó

کاپوچینو

banán

موز

alma

سیب

narancs

پرتقال

sárgadinnye

انواع هندوانه و خربزه

citrom

لیمو

sárgarépa

هویج

fokhagyma

سیر

bambusz

نی بامبو

hagyma

پیاز

gomba

قارچ

magvak

آجیل

nokedli

ماکارونی

spagetti

اسپاگتی

rizs

برنج

saláta

سالاد

sült krumpli

سیب زمینی سرخ کرده

sült burgonya

سیب زمینی سرخ شده

pizza

پیتزا

hamburger

همبرگر

szendvics

ساندویچ

hússzelet

شنیتسل

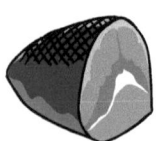

sonka

ژامبون خوک

szalámi

سالامی

kolbász

سوسیس

csirke

مرغ

pecsenye

نوعی گوشت سرخ شده

hal

ماهی

zabkása

جوی پرک شده

müzli

نوعی صبحانه مخلوطی از برگه ذرت و
میوه های خشک شده و خشکبار که
معمولا با شیر خورده می شود

kukoricapehely

کورنفلکس

liszt

آرد

croissant

کرواسان

zsemle

نان بروتشن

kenyér

نان

pirítós kenyér

نان تست

keksz

بیسکویت

vaj

کره

túró

کشک

sütemény

کیک

tojás

تخم مرغ

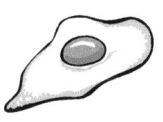

tükörtojás

تخم مرغ نیمرو

sajt

پنیر

jégkrém

بستنى

cukor

شکر

méz

عسل

lekvár

مربا

mogyorókrém

کرم شکلاتى بادامى

curry

ادویه کارى

parasztház
خانه ی مزرعه داران

szalmakazal
خرمن کاه

pajta
انبار غله

mező
مزرعه

ló
اسب

vontató
ماشین یدک کش

csikó
کره اسب

traktor
تراکتور

szamár
خر

juh
گوسفند

bárány
بره

kecske

بز

tehén

گاو ماده

borjú

گوساله

malac

خوک

kismalac

بچه خوک

bika

گاو نر

liba

غاز

kacsa

اردک

csibe

جوجه

tojó

مرغ

kakas

خروس

patkány

موش صحرایی

macska

گربه

egér

موش

ökör

گاو نر اخته

kutya

سگ

kutyaház

لانه ی سگ

kerti öntözőcső

شلنگ باغبانی

öntözőkanna

آبپاش

kasza

داس دسته بلند

eke

گاوآهن

sarló

داس

kapa

کج بیل

vasvilla

چنگک باغبانی

fejsze

تبر

talicska

فرقون

teknő

آبشخور

tejes kancsó

بطری نگهداری شیر

zsák

کیسه

kerítés

حصار

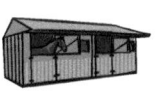

istálló

اصطبل

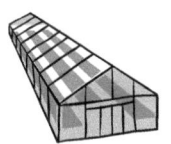

üvegház

گلخانه

talaj

خاک

vetőmag

بذر

trágya

کود

cséplőgép

ماشین کمباین

szüretelni

برداشت کردن محصول

betakarítás

محصول

yamgyökér

تمیس

búza

گندم

szója

سویا

burgonya

سیب زمینی

kukorica

ذرت

repcemag

کلزا

gyümölcsfa

درخت میوه

manióka

گیاه مانیوک

gabona

غلات

kémény
دودکش

tető
پشت بام

eresz
ناودان

ablak
پنجره

garázs
گاراژ

ajtócsengő
زنگ در

ajtó
در

szemetes
سطل آشغال

postaláda
صندوق مراسلات

kert
باغ

nappali

اتاق نشیمن

fürdőszoba

حمام

konyha

آشپزخانه

hálószoba

اتاق خواب

gyerekszoba

اتاق بچه

ebédlő

ناهارخوری

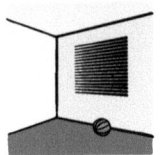

padló

كف زمين

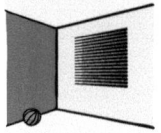

fal

ديوار

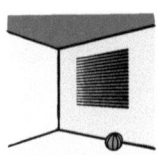

plafon

سقف

pince

زيرزمين

szauna

سونا

erkély

بالكن

terasz

تراس

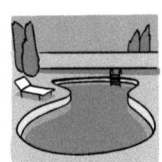

medence

استخر

fűnyíró

ماشين چمنزنى

lepedő

ملافه

ágytakaró

روتختى

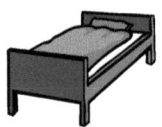

ágy

تخت خواب

seprű

جارو

vödör

سطل

kapcsoló

سويچ يا كليد

nappali
اتاق نشیمن

tapéta
کاغذ دیواری
kép
عکس
lámpa
لامپ
polc
قفسه
szekrény
کابینت
televízió
تلویزیون
kandalló
شومینه
virág
گل
párna
کوسن
kanapé
کاناپه
váza
گلدان
távirányító
کنترل تلویزیون و ویدئو و غیره

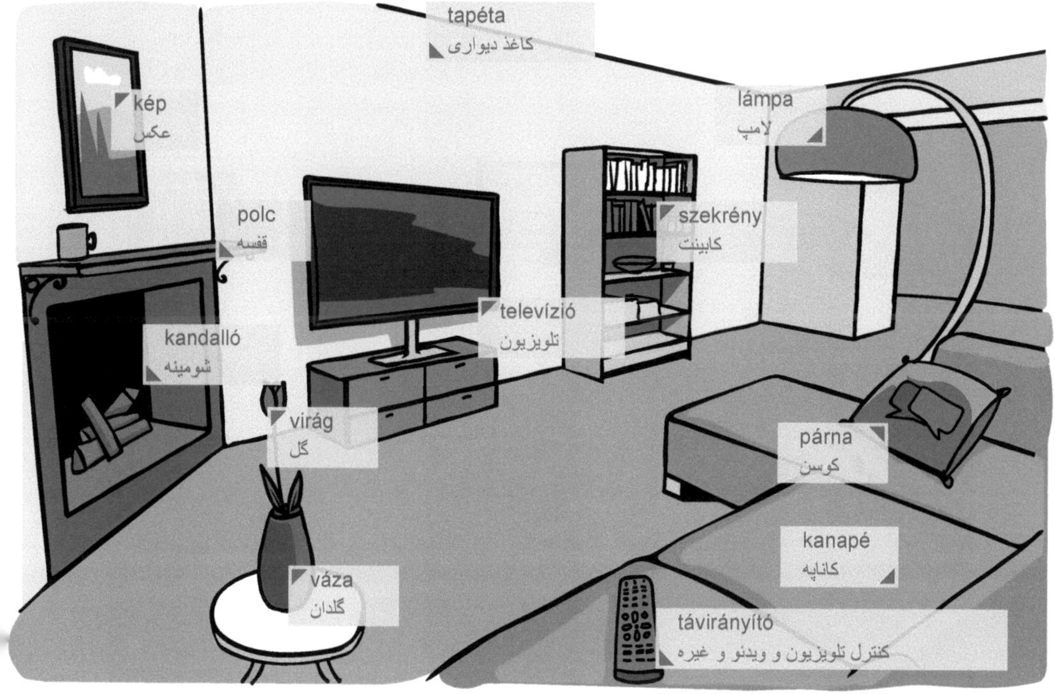

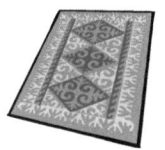

szőnyeg

فرش

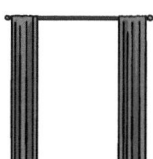

függöny

پرده

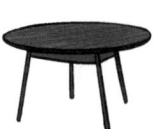

asztal

میز

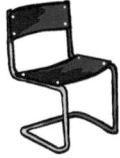

szék

صندلی

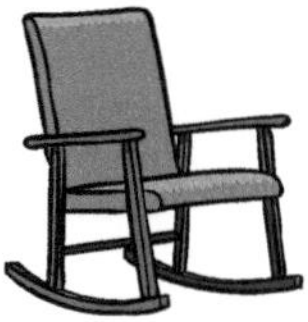

hintaszék

صندلی گهواره ایی

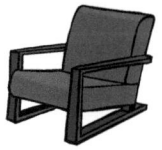

karosszék

صندلی راحتی

könyv

كتاب

takaró

لحاف

dekoráció

دكوراسيون

tűzifa

هیزم

film

فيلم

hifi

دستگاه ضبط صوت

kulcs

كليد

újság

روزنامه

festmény

تابلو نقاشی

poszter

پوستر

rádió

راديو

jegyzetfüzet

دفترچه یادداشت

porszívó

جاروبرقی

kaktusz

كاكتوس

gyertya

شمع

konyha
آشپزخانه

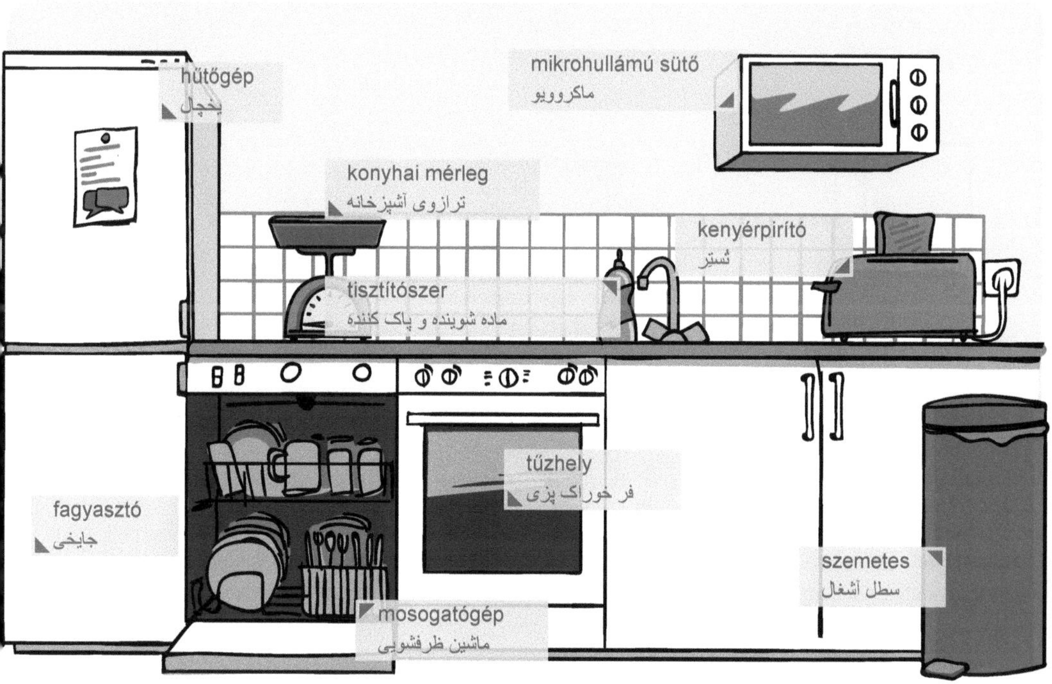
hűtőgép
یخچال
mikrohullámú sütő
ماکروویو
konyhai mérleg
ترازوی آشپزخانه
kenyérpirító
تُستر
tisztítószer
ماده شوینده و پاک کننده
tűzhely
فر خوراک پزی
fagyasztó
جایخی
szemetes
سطل آشغال
mosogatógép
ماشین ظرفشویی

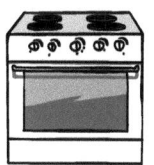

tűzhely
اجاق گاز

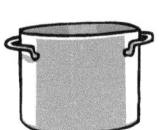

edény
قابلمه

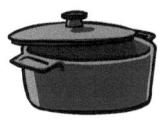

vasfazék
قابلمه چدنی

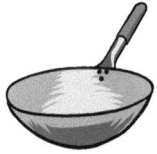

wok / kadai
ماهی تابه گود

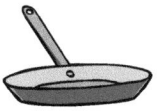

serpenyő
ماهی تابه

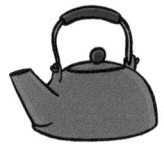

vízforraló
کتری

páróló

بخارپز

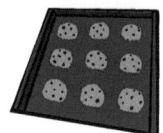

tepsi

سینی فر

étkészlet

ظرف چینی آشپزخانه

bögre

لیوان

tálka

کاسه

evőpálcika

چاپستیک

merőkanál

ملاقه

keverőlapátka

کفگیر

habverő

همزن

szűrő

آبکش

szita

آبکش

reszelő

رنده

mozsár

هاون

grillsütő

باربیکیو

kandalló

محل مخصوص افروختن آتش

vágódeszka

تخته گوشت و سبزی

sodrófa

وردنه

dugóhúzó

در بطری بازکن

doboz

قوطی

konzervnyitó

در قوطی بازکن

edényfogó

دستگیره پارچه ای

mosogató

سینک ظرفشویی

kefe

برس گردگیری

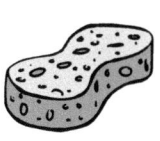

szivacs

اسفنج

turmixgép

مخلوط کن

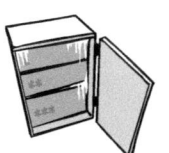

mélyhűtő

فریزر

cumisüveg

شیشه شیر بچه

csap

شیر آب

fürdőszoba

حمام

zuhany
دوش
fűtés
بخاری
törölköző
حوله
zuhanyfüggöny
پرده ی حمام
habfürdő
حمام کف
kád
وان حمام
pohár
لیوان
mosógép
ماشین لباسشویی
csap
شیر آب
csempe
کاشی
bili
لگن دستشویی کودکان
mosogató
سینک ظرفشویی

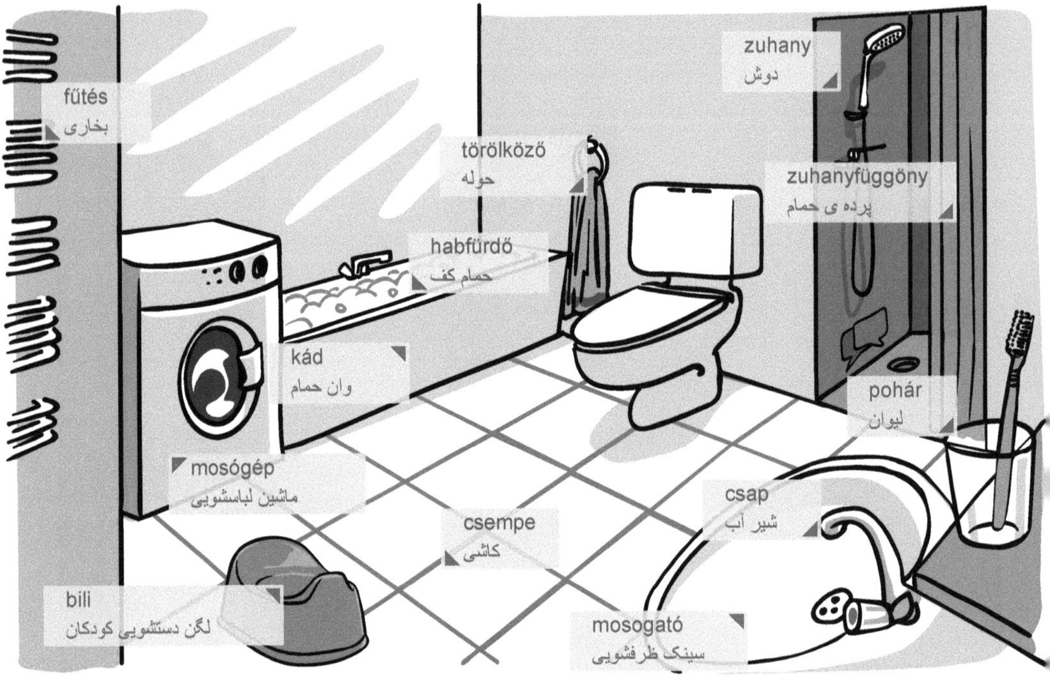

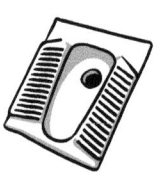

toalett

توالت

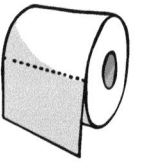

guggolós toalett

توالت ایرانی

bidé

کاسه توالت

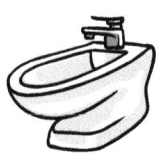

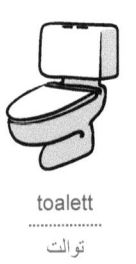

piszoár

توالت مخصوص آقایان

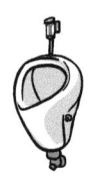

toalett papír

دستمال توالت

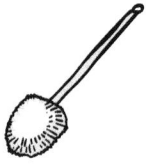

wc kefe

فرچه توالت

fogkefe

مسواک

fogkrém

خمیردندان

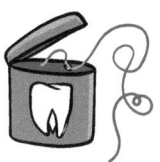

fogselyem

نخ دندان

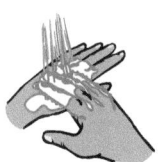

mosni

شُستن

kézi zuhany

دوش آب تلفنی

intimzuhany

شلنگ توالت

mosdótál

لگن روشویی

hátmosó kefe

برس شُست و شوی پُشت

szappan

صابون

tusfürdő

شامپو بدن

sampon

شامپو

mosdókesztyű

لیف حمام

lefolyó

راه آب

krém

کرم

dezodor

اسپری دئودورانت

tükör

آیینه

kézitükör

آیینه ی کوچک دستی

borotva

تیغ ریش تراشی

borotvahab

کف ریش تراشی

borotválkozás utáni arcszesz

آفترشیو

fésű

شانه ی سر

hajkefe

برس

hajszárító

سشوار

hajlakk

اسپری مو

smink

آرایش

ajakrúzs

رژلب

körömlakk

لاک ناخن

vatta

پنبه

körömvágó olló

قیچی ناخن

parfüm

عطر

neszesszer

کیف لوازم آرایشی و بهداشتی

sámli

چهارپایه

mérleg

ترازو

köntös

حوله ی پالتویی

gumikesztyű

دستکش ظرفشویی

tampon

تامپون

egészségügyi betét

نوار بهداشتی

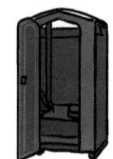

vegyi WC

توالت سیار

gyerekszoba

اتاق بچه

ébresztő óra
ساعت زنگدار
plüssállat
نوعی عروسک نرم به شکل حیوانات
játékautó
ماشین اسباب بازی
csörgő
جغجغه
babaház
خانه ی عروسکی
ajándék
کادو

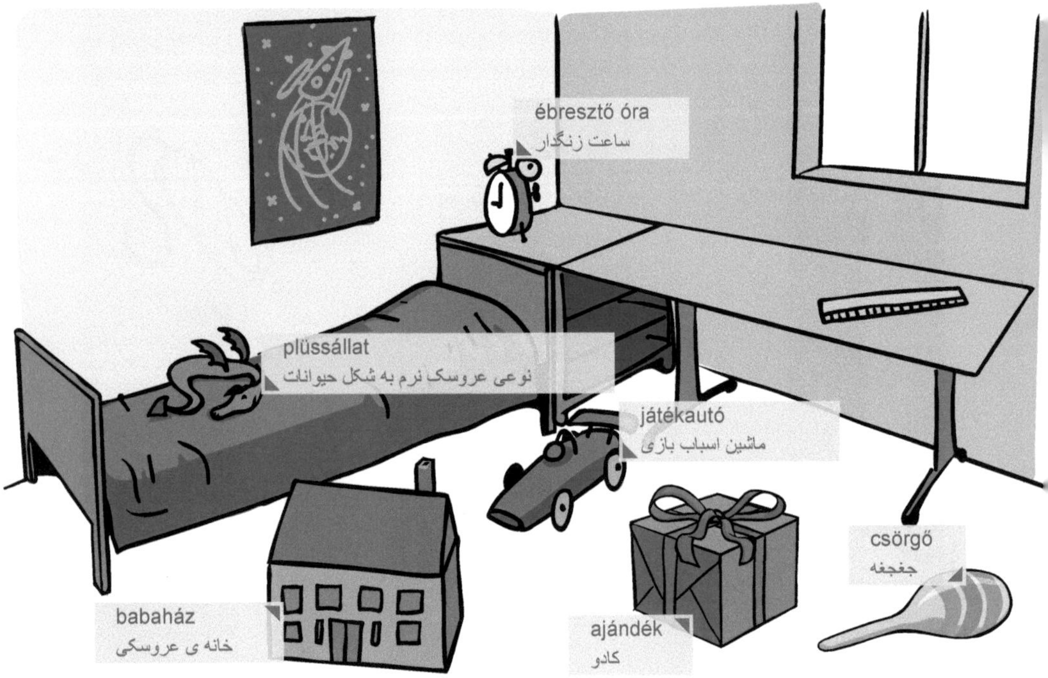

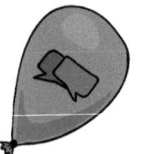

lufi

بادکنک

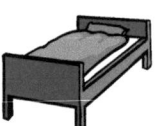

ágy

تخت خواب

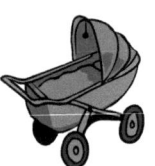

babakocsi

کالسکه بچه

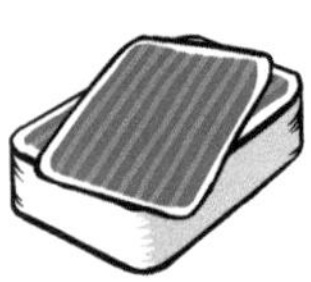

kártyapakli

بازی ورق

kirakós játék

پازل

SUPER
MEGA

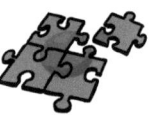

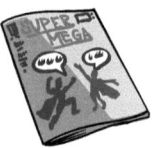

képregény

داستان مصور

építőkockák

اسباب بازی لگو

építőelem

خانه سازی

szuperhős

عروسک شخصیت های فیلم و کارتون

rugdalózó

لباس نوزاد

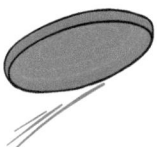

frizbi

فریزبی

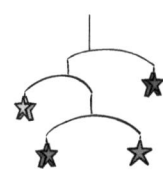

zenélő forgó

نوعی اسباب بازی که روی تخت نوزاد
یا کودک نصب می شود

társasjáték

بازی روی صفحه

kocka

تاس

modellvasút

قطار اسباب بازی

cumi

پستانک

zsúr

مهمانی

képeskönyv

کتاب مصور

labda

توپ

baba

عروسک

játszani

بازی کردن

homokozó

جعبه شنی مخصوص بازی کودکان

hinta

تاب

játékok

اسباب بازی

videójáték konzol

کنسول بازی های کامپیوتری

tricikli

سه چرخه

teddi maci

خرس عروسکی

ruhásszekrény

کمد لباس

zokni

جوراب

harisnya

جوراب زنانه ساق بلند

harisnyanadrág

جوراب شلواری

sál
شال

öv
کمربند

esernyő
چتر

póló
تی شرت

tornacipő
کفش ورزشی کتانی

csizma
پوتین

papucs
دمپایی

szandál
....
صندل

cipő
....
کفش

gumicsizma
....
چکمه پلاستیکی

alsónadrág
....
شرت

melltartó
....
سوتین

mellény
....
جلیقه

body

بادی

nadrág

شلوار

farmer

جین

szoknya

دامن

blúz

بلوز

ing

پیراهن

pulóver

پلیور

kapucnis pulóver

سویی شرت‌

blézer

نوعی کت

dzseki

ژاکت

kabát

کت بلند

esőkabát

بارانی

kosztüm

لباس نمایش

ruha

لباس

esküvői ruha

لباس عروس

öltöny

کت و شلوار

hálóing

لباس خواب زنانه

pizsama

پیژامه

szári

ساری

fejkendő

روسری

turbán

عمامه

burka

برقع

kaftán

قبا

abaya

عبا

fürdőruha

لباس شنا

fürdőnadrág

شرت شنا

rövidnadrág

شلوارک

tréningruha

لباس ورزشی

kötény

پیشبند

kesztyű

دستکش

gomb

دكمه

szemüveg

عينک

karkötö

دستبند

nyaklánc

گردنبند

gyűrű

انگشتر

fülbevaló

گوشواره

sapka

كلاه لبه دار

vállfa

چوب لباسی

kalap

كلاه

nyakkendő

كراوات

cipzár

زيپ

bukósisak

كلاه ايمنی

nadrágtartó

بند شلوار

iskolai egyenruha

لباس مدرسه

egyenruha

لباس فرم

elöke

پیش بند بچه

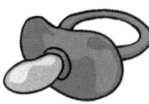

cumi

پستانک

pelenka

پوشک بچه

iroda

اداره

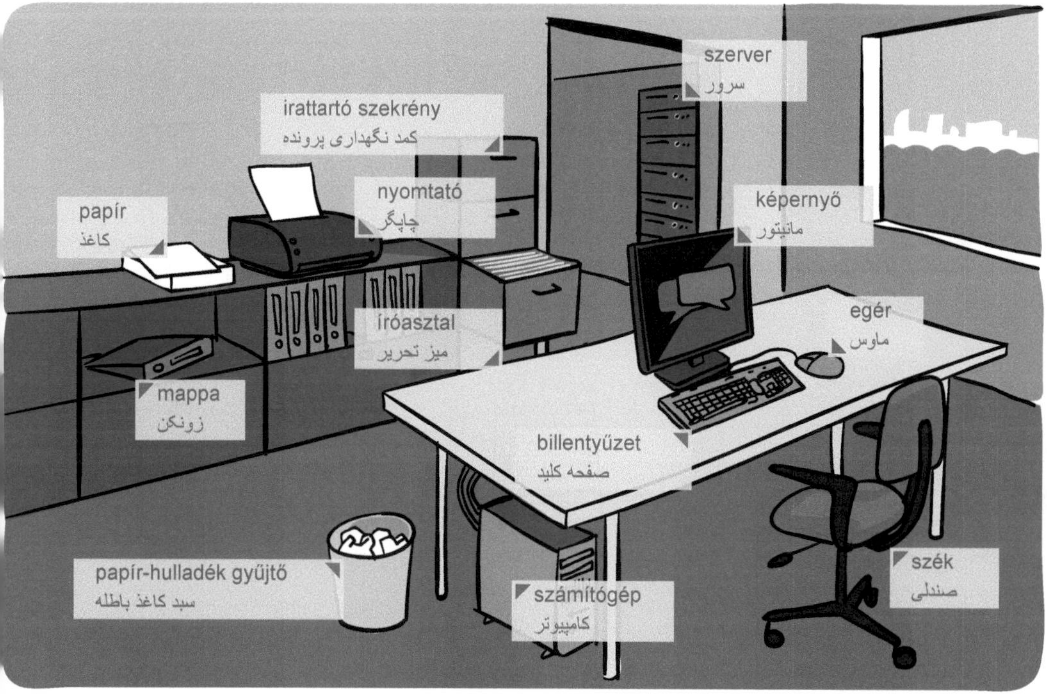

szerver

سرور

irattartó szekrény

کمد نگهداری پرونده

nyomtató

چاپگر

papír

کاغذ

képernyő

مانیتور

egér

ماوس

íróasztal

میز تحریر

mappa

زونکن

billentyűzet

صفحه کلید

szék

صندلی

papír-hulladék gyűjtő

سبد کاغذ باطله

számítógép

کامپیوتر

kávéscsésze

لیوان قهوه

számológép

ماشین حساب

internet

اینترنت

laptop

لپ تاپ

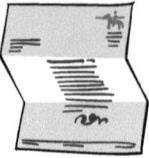

levél

نامه

üzenet

پیغام

mobiltelefon

تلفن همراه

hálózat

شبکه ی ارتباطی

fénymásoló

دستگاه فتوکپی

szoftver

نرم افزار

telefon

تلفن

konnektor

پریز

faxgép

دستگاه فاکس

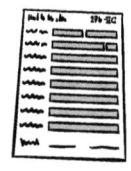

formanyomtatvány

فرم

dokumentum

مدرک

venni

خریدن

fizetni

پرداخت کردن

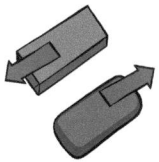

kereskedni

تجارت کردن

pénz

پول

dollár

دلار

euró

یورو

jen

ین

rubel

روبل

svájci frank

فرانک سوئیس

kínai jüan

یوان رنمینبی

rúpia

روپیه

bankautomata

دستگاه خودپرداز

valutaváltó iroda

صرافی

arany

طلا

ezüst

نقره

olaj

نفت

energia

انرژی

ár

قیمت

szerződés

قرارداد

adó

مالیات

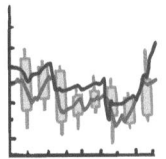

részvény

سهام سرمایه

dolgozni

کار کردن

munkavállaló

کارمند

munkaadó

کارفرما

gyár

کارخانه

üzlet

مغازه

foglalkozások
مشاغل

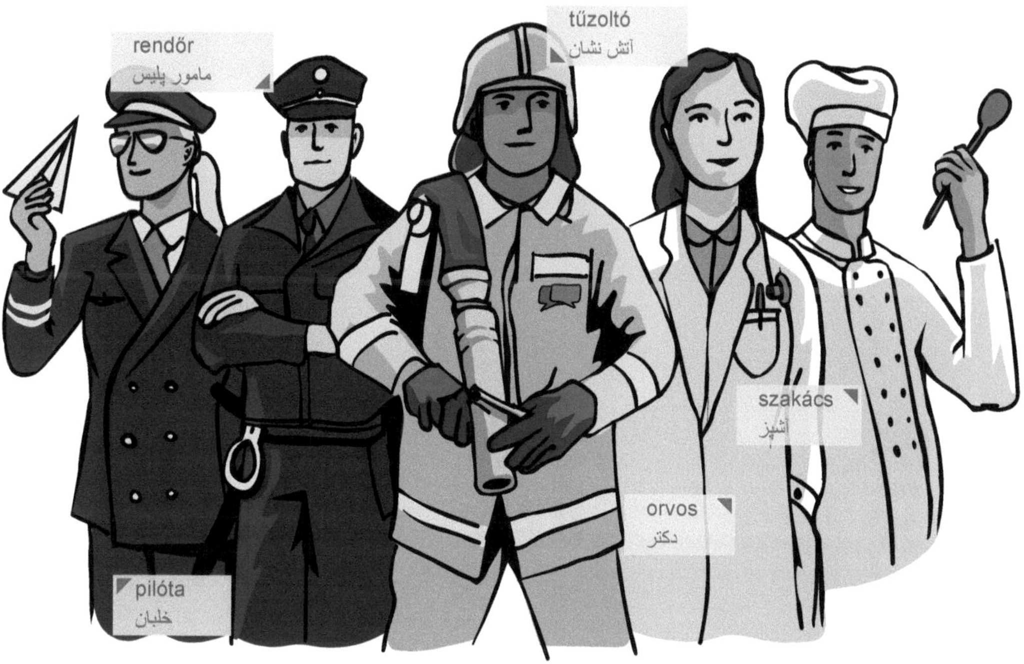
tűzoltó
آتش نشان
rendőr
مامور پلیس
szakács
آشپز
orvos
دکتر
pilóta
خلبان

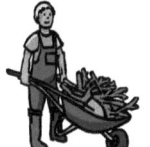

kertész

باغبان

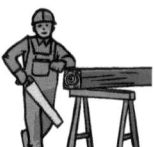

kárpitos

نجار

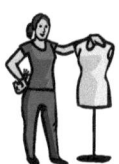

varrónő

خیاط زنانه

bíró

قاضی

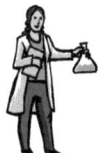

vegyész

شیمیدان

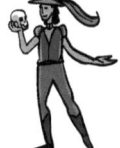

színész

بازیگر

buszsofőr

راننده اتوبوس

taxisofőr

راننده تاکسی

halász

ماهیگیر

bejárónő

نظافتچی زن

tetőfedő

سقف ساز

pincér

پیشخدمت رستوران

vadász

شکارچی

festő

نقاش

pék

نانوا

villanyszerelő

برقکار

építőmunkás

کارگر ساختمانی

mérnök

مهندس

hentes

قصاب

vízvezeték-szerelő

لوله کش

postás

پستچی

katona

سرباز

építész

معمار

eladó

صندوقدار

virágos

گل فروش

fodrász

آرایشگر

kalauz

مامور کنترل بلیط در قطار

műszerész

مکانیک

kapitány

ناخدا

fogorvos

دندانپزشک

tudós

دانشمند

rabbi

عالم یهودی

imám

امام

szerzetes

راهب

lelkész

کشیش

szerszámok
ابزارآلات

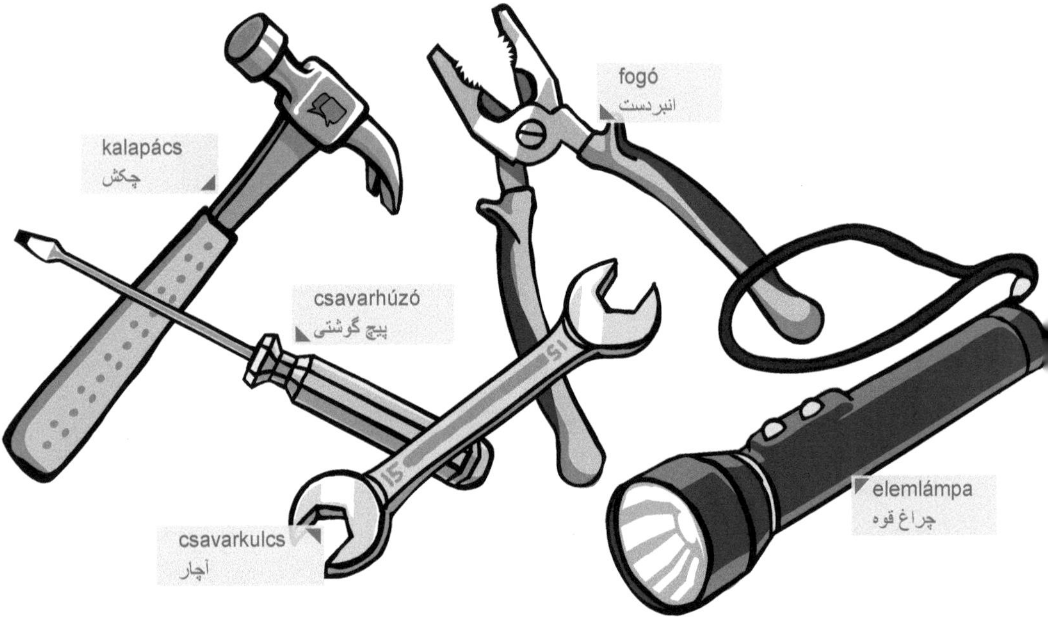
fogó
انبردست
kalapács
چکش
csavarhúzó
پیچ گوشتی
csavarkulcs
آچار
elemlámpa
چراغ قوه

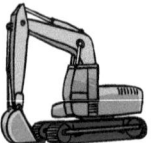

markológép

بیل مکانیکی

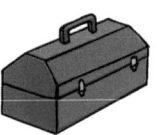

szerszámosláda

جعبه ابزار

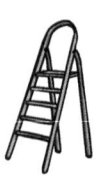

vödör

نردبان

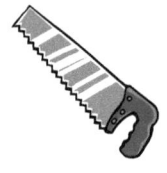

fűrész

ارّه

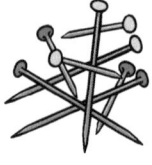

szög

میخ

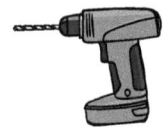

fúrógép

مته

megjavítani

تعمیر کردن

lapát

بیل

A francba!

لعنتی!

szemétlapát

خاک انداز

festékesdoboz

سطل رنگرزی

csavar

پیچ

hangszerek
آلات موسیقی

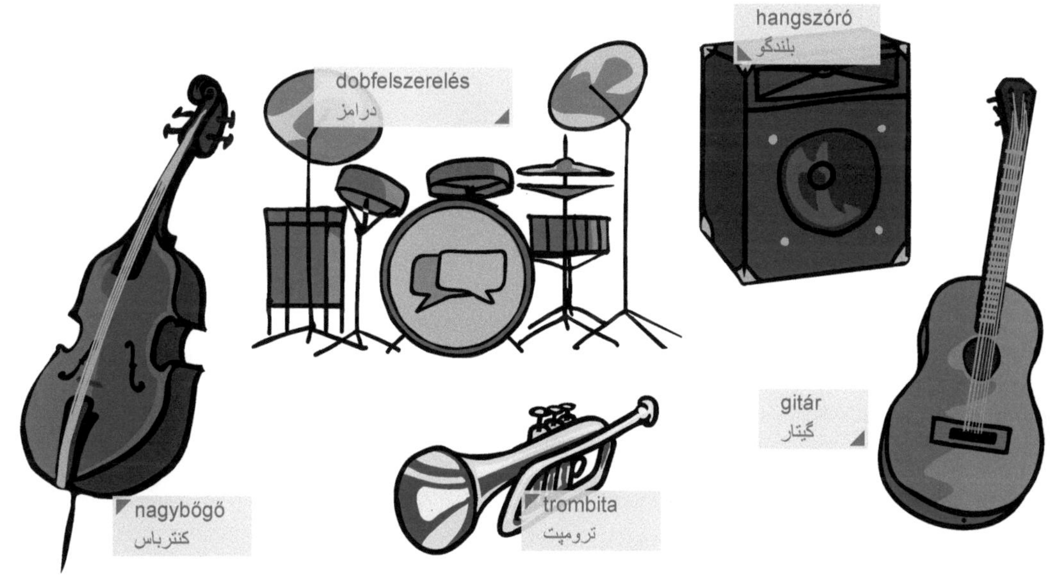

hangszóró
بلندگو

dobfelszerelés
درامز

gitár
گیتار

nagybőgő
کنترباس

trombita
ترومپت

zongora

پیانو

hegedű

ویولن

basszusgitár

گیتار بیس

üstdob

تیمپانی

dobok

طبل

digitális zongora

کیبورد الکتریک

szaxofon

ساکسیفون

fuvola

فلوت

mikrofon

میکروفون

tigris
ببر

bejárat
ورودی

kalitka
قفس

zebra
گورخر

állateledel
خوراک حیوانات

panda
خرس پاندا

állatok

حیوانات

elefánt

فیل

kenguru

کانگورو

orrszarvú

کرگدن

gorilla

گوریل

medve

خرس

teve

شتر

strucc

شترمرغ

oroszlán

شیر

majom

میمون

flamingó

فلامینگو

papagáj

طوطی

jegesmedve

خرس قطبی

pingvin

پنگوئن

cápa

کوسه

páva

طاووس

kígyó

مار

krokodil

تمساح

állatgondozó

نگهبان باغ وحش

fóka

خوک آبی

jaguár

پلنگ امریکایی

pónió

اسب کوچک

leopárd

پلنگ

víziló

اسب آبی

zsiráf

زرافه

sas

عقاب

vaddisznó

گراز

hal

ماهی

teknős

لاک پشت

rozmár

شیرماهی

róka

روباه

gazella

غزال

amerikai futball
فوتبال آمریکایی

kerékpározás
دوچرخه سواری

tenisz
تنیس

kosárlabda
بسکتبال

úszás
شنا

boksz
بوکس

jégkorong
هاکی روی یخ

futball
فوتبال

tollas
بدمینتون

atlétika
دوومیدانی

kézilabda
هندبال

síelés
اسکی

lovaspóló
پولو

tevékenységek
فعالیت ها

nevetni
خندیدن
ugrani
پریدن
ölelni
بغل کردن
sétálni
راه رفتن
énekelni
آواز خواندن
álmodni
رؤیا دیدن
dicsérni
دعا کردن
csókolni
بوسیدن

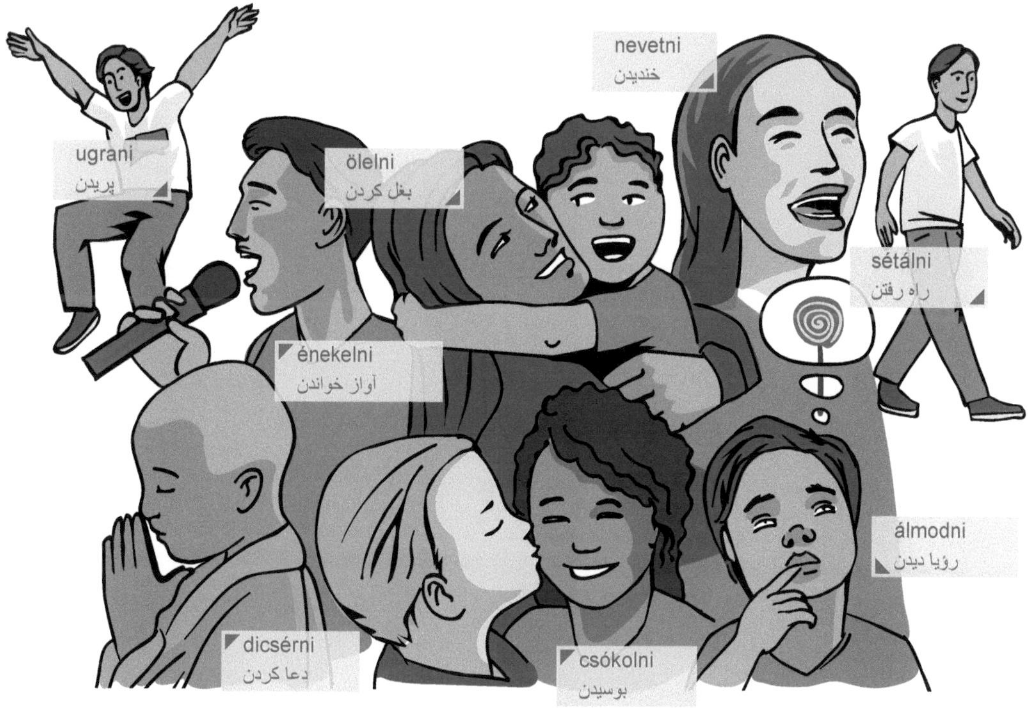

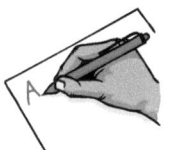

írni
نوشتن

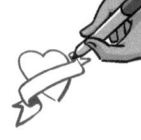

rajzolni
رسم کردن

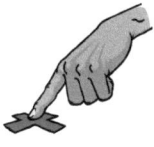

mutatni
نشان دادن

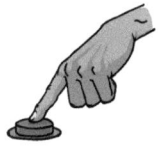

tolni
هل دادن

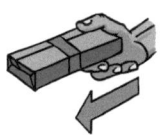

adni
دادن

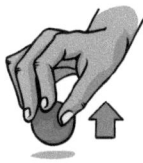

vinni
برداشتن

birtokolni

داشتن

csinálni

انجام دادن

lenni

بودن

állni

ایستادن

futni

دویدن

húzni

کشیدن

hajít

پرتاب کردن

esni

افتادن

hazudni

دراز کشیدن

várni

منتظر بودن

vinni

حمل کردن

ülni

نشستن

felvenni

لباس پوشیدن

aludni

خوابیدن

felébredni

بیدار شدن

ránézni

تماشا کردن

sírni

گریه کردن

simogat

نوازش کردن

fésülni

شانه کردن

beszélni

حرف زدن

megérteni

فهمیدن

kérdezni

پرسیدن

hallgatni

شنیدن

inni

آشامیدن

enni

خوردن

takarítani

مرتب کردن

szeretni

عاشق بودن

főzni

پختن

vezetni

رانندگی کردن

szállni

پرواز کردن

vitorlázni

قایقرانی کردن

számol

محاسبه کردن

olvasni

خواندن

tanulni

یاد گرفتن

dolgozni

کار کردن

házasodni

ازدواج کردن

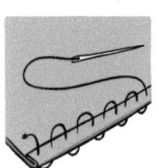

varrni

دوختن

fogat mosni

مسواک زدن

ölni

کشتن

dohányozni

سیگار کشیدن

küldeni

فرستادن

család
خانواده

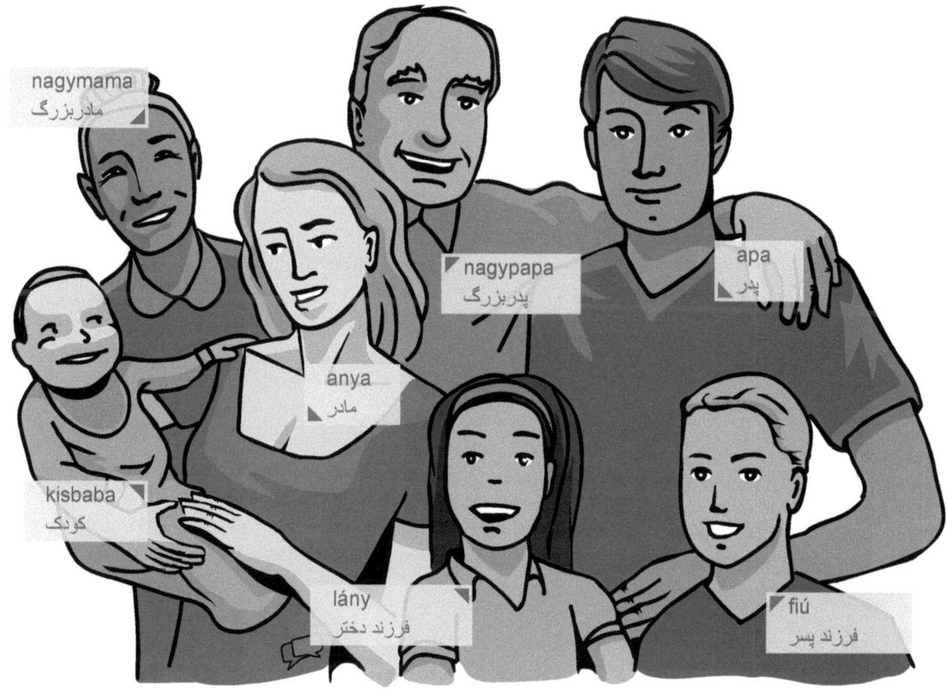
nagymama
مادربزرگ
nagypapa
پدربزرگ
apa
پدر
anya
مادر
kisbaba
کودک
lány
فرزند دختر
fiú
فرزند پسر

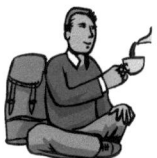

vendég
مهمان

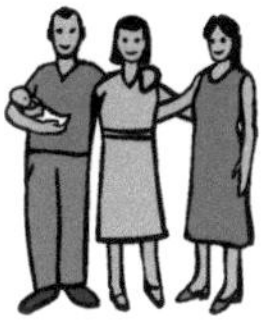
nagynéni
خاله، عمه

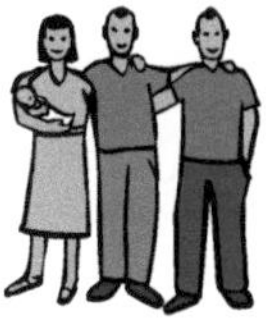
nagybácsi
دایی، عمو

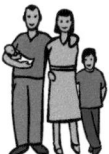

fiútestvér
برادر

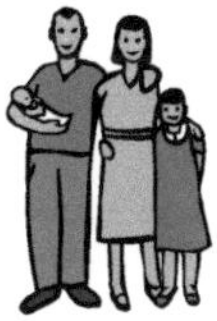
lánytestvér
خواهر

test

بدن

homlok
پیشانی
szem
چشم
váll
شانه
ujj
انگشت دست
arc
صورت
áll
چانه
kéz
دست
láb
ساق پا
mell
سینه
kar
بازو

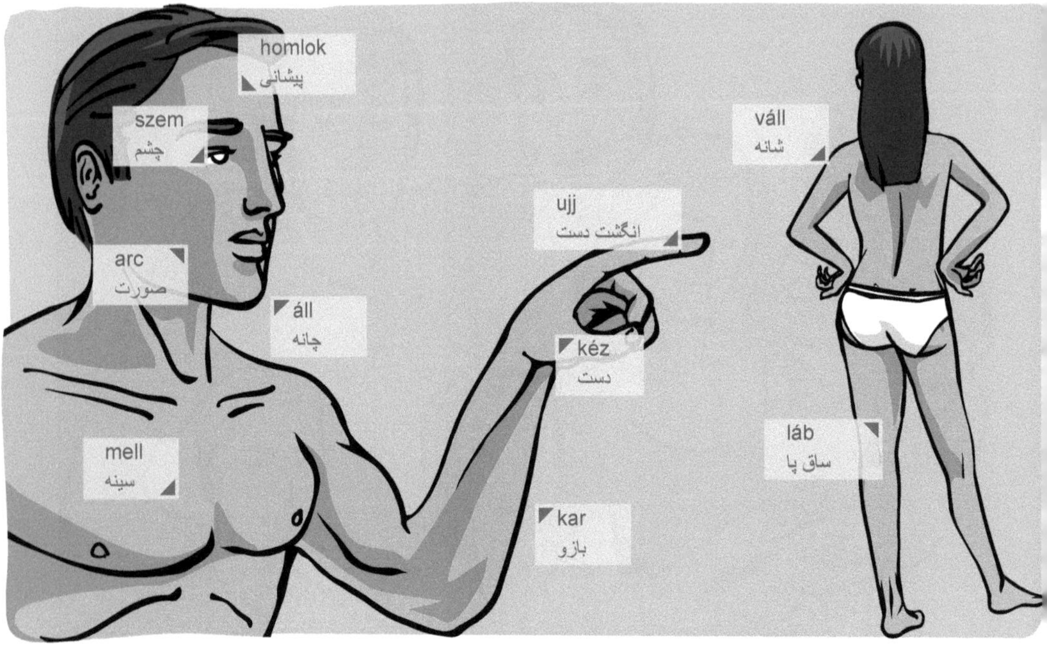

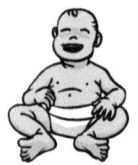

kisbaba
کودک

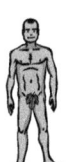

ember
مرد

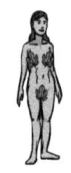

nő
زن

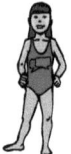

lány
دختربچه

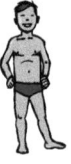

fiú
پسربچه

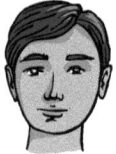

fej
کله

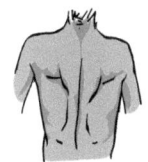

hát

كمر

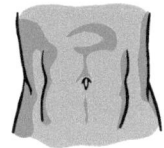

has

شكم

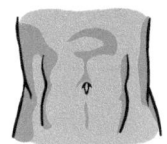

köldök

ناف

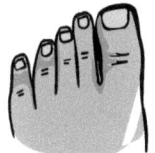

lábujj

انگشت پا

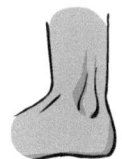

sarok

پاشنه

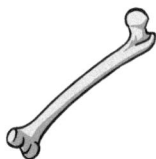

csont

استخوان

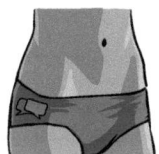

csípő

لگن

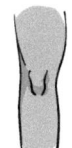

térd

زانو

könyök

آرنج

orr

بینی

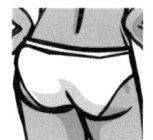

fenék

نشیمنگاه

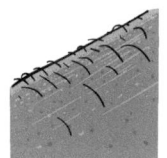

bőr

پوست

orca

گونه

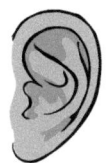

fül

گوش

ajak

لب

száj

دهان

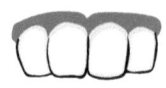

fog

دندان

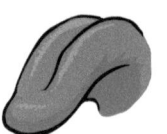

nyelv

زبان

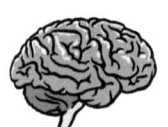

agy

مغز

szív

قلب

izom

عضله

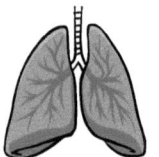

tüdő

ريه

máj

کبد

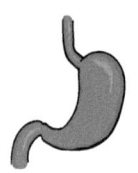

gyomor

معده

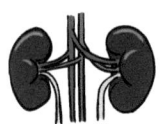

vese

کلیه

szex

آمیزش جنسی

kondom

کاندوم

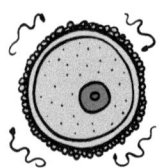

petesejt

تخمک

sperma

اسپرم

terhesség

حاملگی

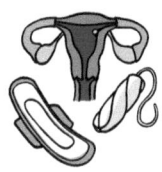

menstruáció

پریود

vagina

واژن

pénisz

آلت تناسلی مرد

szemöldök

ابرو

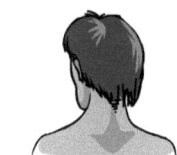

haj

مو

nyak

گردن

kórház

بیمارستان

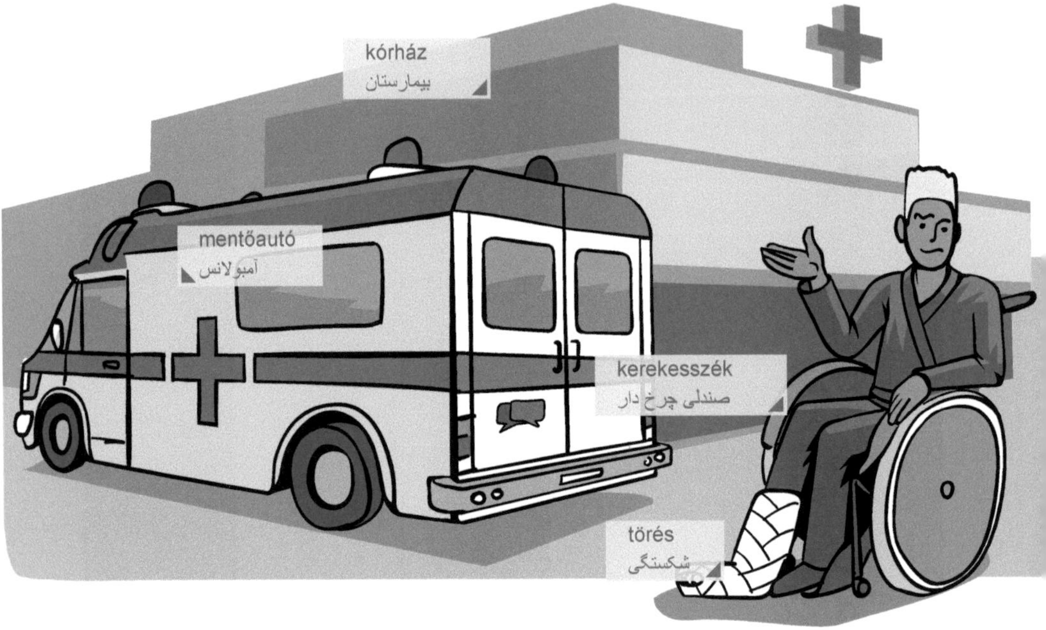

kórház
بیمارستان
mentőautó
آمبولانس
kerekesszék
صندلی چرخ دار
törés
شکستگی

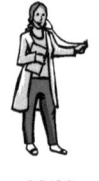

orvos

دکتر

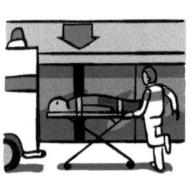

sürgősségi osztály

بخش اورژانس

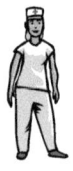

ápoló

پرستار

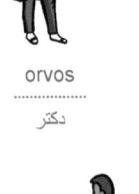

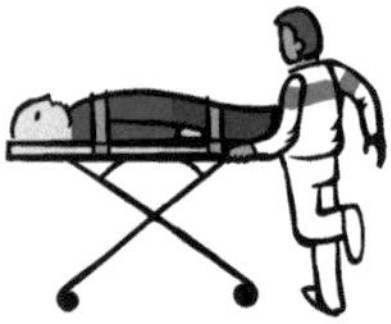

vészhelyzet

موقعیت اضطراری

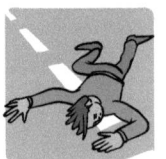

eszméletlen

بی هوش

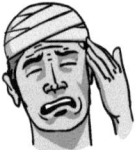

fájdalom

درد

sérülés

مصدومیت

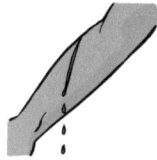

vérzés

خونریزی

szívroham

سکته قلبی

szélütés

سکته مغزی

allergia

آلرژی

köhögés

سرفه

láz

تب

influenza

آنفولانزا

hasmenés

اسهال

fejfájás

سردرد

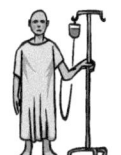

rák

سرطان

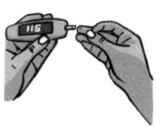

cukorbetegség

دیابت

sebész

جراح

szike

چاقوی جراحی

műtét

عمل جراحی

CT

سی تی اسکن

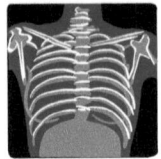

röntgen

پرتونگاری

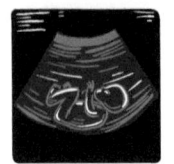

ultrahang

سونوگرافی

arcmaszk

ماسک صورت

betegség

بیماری

váróterem

اتاق انتظار

mankó

چوب زیر بغل

sebtapasz

چسب زخم

kötszer

پانسمان

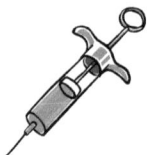

injekció

تزریق

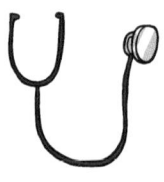

sztetoszkóp

گوشی طبی

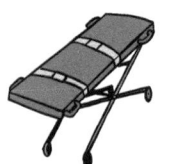

hordágy

برانکار

klinikai hőmérő

دماسنج

születés

زایش

túlsúly

اضافه وزن

hallókészülék

سمعک

fertőtlenítőszer

ماده ضد غفونى کننده

fertőzés

عفونت

vírus

ويروس

HIV/AIDS

اچ آى وى / ایدز

orvosság

دارو

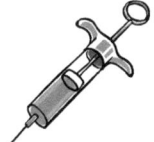

oltás

واکسیناسیون

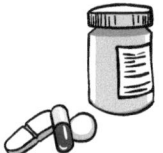

tabletták

قرص

tabletta

قرص ضد حاملگى

sürgősségi hívás

تماس اظطرارى

vérnyomásmérő

دستگاه اندازه گیرى فشارخون

betegség / egészség

مریض / سالم

Segítség!

کمک!

riasztás

آژیر خطر

rajtaütés

حمله

támadás

حمله ی فیزیکی

veszély

خطر

vészkijárat

خروج اظطراری

tűz!

آتش

tűzoltókészülék

کپسول آتش‌نشانی

baleset

تصادف

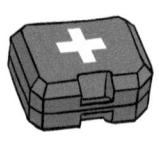

elsősegélycsomag

جعبه کمک های اولیه

SOS

درخواست کمک

rendőrség

پلیس

Európa

اروپا

Észak-Amerika

آمریکای شمالی

Dél-Amerika

آمریکای جنوبی

Afrika

آفریقا

Ázsia

آسیا

Ausztrália

استرالیا

Atlanti-óceán

اقیانوس اطلس

Csendes-óceán

اقیانوس آرام

Indiai-óceán

اقیانوس هند

Déli-óceán

اقیانوس اطلس جنوبی

Jeges-tenger

اقیانوس منجمد شمالی

Északi-sark

قطب شمال

Déli-sark

قطب جنوب

Antarktisz

قاره قطب جنوب

föld

كره زمين

szárazföld

سرزمين

tenger

دريا

sziget

جزيره

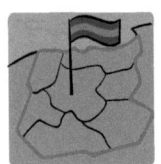

nemzet

ملت

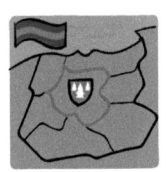

állam

كشور

számlap

صفحه ى ساعت

kismutató

ساعت شمار

nagymutató

دقیقه شمار

másodpercmutató

ثانیه شمار

Mennyi az idő?

ساعت چند است؟

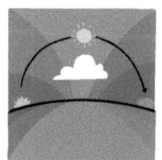

nap

روز

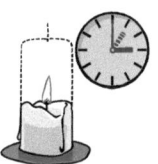

idő

زمان

most

اکنون

digitális óra

ساعت دیجیتال

perc

دقیقه

óra

ساعت

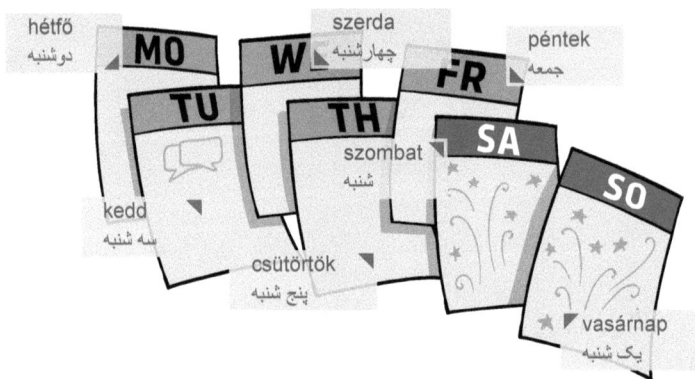

hétfő
دوشنبه

szerda
چهارشنبه

péntek
جمعه

kedd
سه شنبه

szombat
شنبه

csütörtök
پنج شنبه

vasárnap
یک شنبه

tegnap

دیروز

ma

امروز

holnap

فردا

reggel

صبح

dél

ظهر

este

غروب

MO	TU	WE	TH	FR	SA	SU
1	2	3	4	5	6	7
8	9	10	11	12	13	14
15	16	17	18	19	20	21
22	23	24	25	26	27	28
29	30	31	1	2	3	4

hétköznap

روزهای کاری

MO	TU	WE	TH	FR	SA	SU
1	2	3	4	5	6	7
8	9	10	11	12	13	14
15	16	17	18	19	20	21
22	23	24	25	26	27	28
29	30	31	1	2	3	4

hétvége

آخر هفته

eső
باران

szivárvány
رنگین کمان

szél
باد

hó
برف

tavasz
بهار

nyár
تابستان

ősz
پاییز

tél
زمستان

4.APRIL	11°	☀
5.APRIL	4°	☁
6.APRIL	13°	☁
7.APRIL	8°	☀
8.APRIL	10°	❄

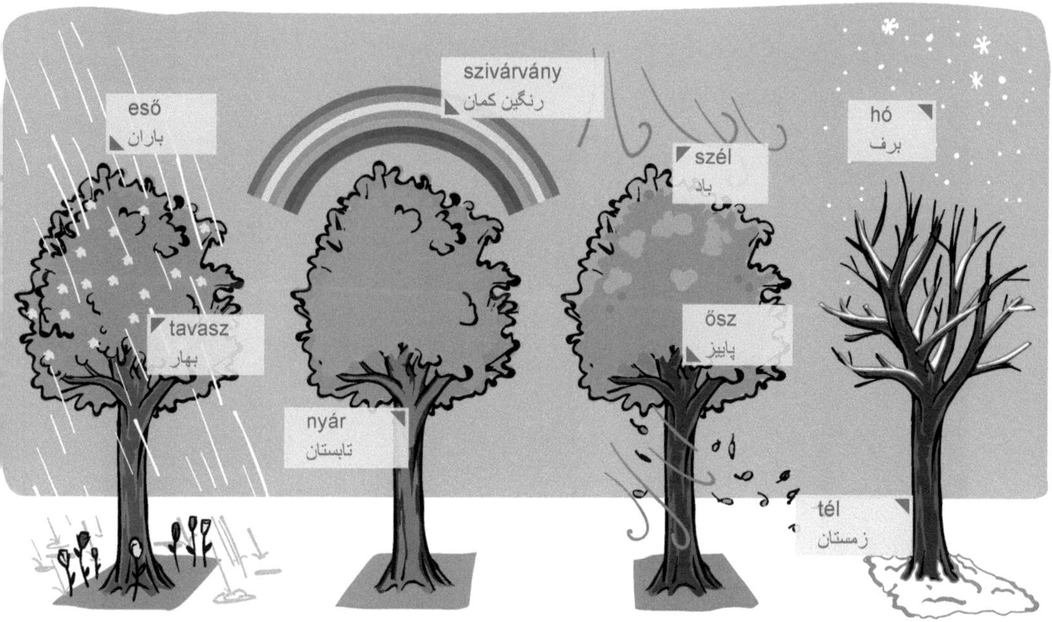

időjárás előrejelzés

پیش‌بینی اوضاع جوی

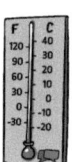

hőmérő

دماسنج

napsütés

تابش آفتاب

felhő

ابر

köd

مه

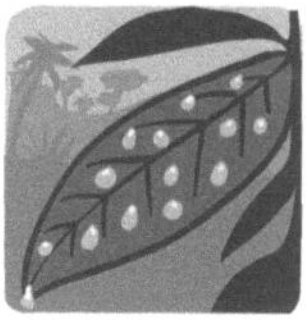

páratartalom

رطوبت هوا

villámlás

صاعقه

mennydörgés

آسمان غره

vihar

طوفان

jégeső

تگرگ

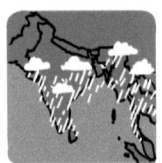

monszun

باد موسمی

áradás

سیل

jég

یخ

január

ژانویه

február

فوریه

március

مارس

április

آوریل

május

مه

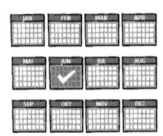

június

ژوئن

július

ژوئیه

augusztus

آگوست

szeptember

سپتامبر

október

أكتبر

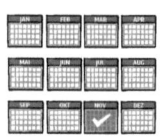

november

نوامبر

december

دسامبر

alakzatok

أشكال

kör

دايره

négyzet

مربع

téglalap

مستطيل

háromszög

سه گوش

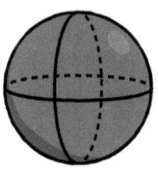

gömb

گره

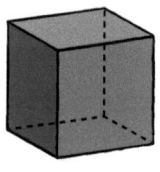

kocka

مكعب مربع

fehér

سفید

sárga

زرد

narancs

نارنجی

rózsaszín

صورتی

piros

قرمز

lila

بنفش

kék

آبی

zöld

سبز

barna

قهوه ای

szürke

خاکستری

fekete

سیاه

sok / kevés
خیلی / کم

mérges / nyugodt
خشمگین / آرام

szép / csúnya
زیبا / زشت

kezdet / vég
شروع / پایان

nagy / kicsi
بزرگ / کوچک

világos / sötét
روشن / تیره

fivér / nővér
برادر / خواهر

tiszta / koszos
تمیز / آلوده

teljes / nem teljes
کامل / ناقص

nappal / éjszaka
روز / شب

halott / élő
مرده / زنده

széles / keskeny
پهن / باریک

ehető / nem ehető

قابل خوردن / غیر قابل خوردن

gonosz / kedves

غضبناک / مهربان

izgatott / unott

هیجان زده / بی حوصله

kövér / vékony

چاق / لاغر

első / utolsó

اولین / آخرین

barát / ellenség

دوست / دشمن

teli / üres

پر / خالی

kemény / puha

سفت / نرم

nehéz / könnyű

سنگین / سبک

éhség / szomjúság

گرسنگی / تشنگی

betegség / egészség

مریض / سالم

illegális / legális

غیرقانونی / قانونی

intelligens / buta

باهوش / خنگ

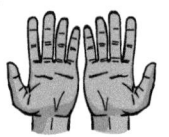

bal / jobb

چپ / راست

közel / távol

نزدیک / دور

új / használt

نو / استفاده شده

semmi / valami

هیچ چیز / چیزی

idős / fiatal

پیر / جوان

be / ki

روشن / خاموش

nyitva / zárva

باز / بسته

csendes / hangos

آهسته / بلند

gazdag / szegény

ثروتمند / فقیر

helyes / helytelen

درست / غلط

érdes / sima

زبر / صاف

szomorú / vidám

غمگین / خوشحال

rövid / hosszú

کوتاه / بلند

lassú / gyors

کند / تند

nedves / száraz

تر / خشک

meleg / hideg

گرم / خنک

háború / béke

جنگ / صلح

0	**1**	**2**
nulla	egy	kettő
صفر	یک	دو

3	**4**	**5**
három	négy	öt
سه	چهار	پنج

6	**7**	**8**
hat	hét	nyolc
شش	هفت	هشت

9	**10**	**11**
kilenc	tíz	tizenegy
نه	دَه	یازده

12
tizenkettő

دوازده

13
tizenhárom

سیزده

14
tizennégy

چهارده

15
tizenöt

پانزده

16
tizenhat

شانزده

17
tizenhét

هفده

18
tizennyolc

هجده

19
tizenkilenc

نوزده

20
húsz

بیست

100
száz

صد

1.000
ezer

هزار

1.000.000
millió

میلیون

angol

انگلیسی

amerikai angol

انگلیسی آمریکایی

mandarin kínai

چینی ماندارین

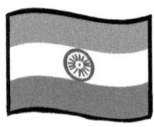

hindi

هندی

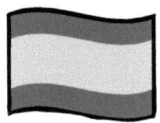

spanyol

اسپانیایی

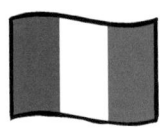

francia

فرانسوی

arab

عربی

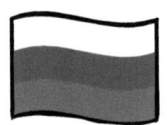

orosz

روسی

portugál

پرتغالی

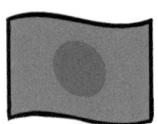

bengáli

بنگالی

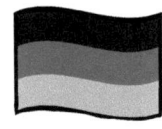

német

آلمانی

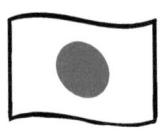

japán

ژاپنی

én

من

te

تو

ő

او

mi

ما

ti

شما

ők

آنها

ki?

چه کسی؟ کی؟

mi?

چی؟

hogyan?

چگونه؟

hol?

کجا؟

mikor?

کی؟

név

نام

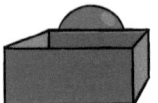

mögött

پشت

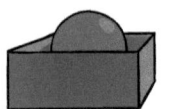

benne

توی

elötte

جلو

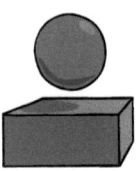

felette

بالای

rajta

روی

alatta

زیر

mellett

مجاور

között

بین

hely

مکان